Cla

Leabharla

Ní mór ar
ar nó roi

Ar iarratas
athnuachair

Gearrfaí fíneá
choimeádar thar a

Brionglóidí

agus Aistir Eile

Áine Ní Ghlinn agus Carol Betera

Brionglóidí agus Aistir Eile
Le Áine Ní Ghlinn

© Cló Mhaigh Eo 2008
Dánta © Áine Ní Ghlinn
Léaráidí © Carol Betera

ISBN 978-1-899922-49-9

Foilsithe ag Cló Mhaigh Eo,
Clár Chlainne Mhuiris,
Co. Mhaigh Eo, Éire.
www.leabhar.com
Fón/Faics: 094-9371744

Dearadh: raydesign, Gaillimh. raydes@iol.ie
Clóbhuáilte in Éirinn ag Clódóirí Lurgan,
Indreabhán, Co. na Gaillimhe

Faigheann Cló Mhaigh Eo cabhair ó
Bhord na Leabhar Gaeilge

Bord na Leabhar Gaeilge   Foras na Gaeilge

Brionglóidí

agus Aistir Eile

Áine Ní Ghlinn agus Carol Betera

CLÓ MHAIGH EO

Do Louis, Sheán, Niall agus Chonall

Brionglóid na Luiche

Sínim amach mo sciatháin
Beirim ar an gcat gránna i mo chrúba móra
Eitlím suas suas go hard san aer
Suas os cionn na scamall
Amach os cionn na farraige móire
Oscláim mo chrúba ....

MÍ Í Í Í Í Á Á Á Á ABHA!

SPLAIS!

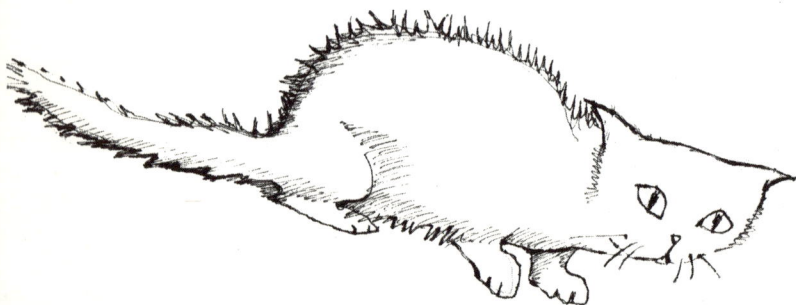

Brionglóid an Mhadra

Déanaim tochailt sa ghairdín
Aimsím an chnámh is mó ar domhan
Tosaím ag ithe …
    ag ithe …
       ag ithe …
         ag ithe …
           ag ithe …
             ag ithe …

Rialacha Nua

Is mise an príomhoide nua
Dúnaigí bhur leabhair
Tá Bean Uí Bhriain san ospidéal
Í imithe glan as a meabhair

Beidh rialacha nua i bhfeidhm anois –
Cuid acu beagáinín beag éagsúil
Níl cead aon leabhar a oscailt
Mura bhfuil sé an- an-spéisiúil

Amach anseo ní bheidh againn
Ach cluichí, spórt is spraoi
Mairfidh am lóin dhá uair a chloig
Agus ina dhiaidh sin rachaimid a luí

Anois osclaígí na boscaí lóin
Cad é seo a fheicim? Arán?
Tá deireadh le ceapairí ar scoil
Amárach tugaigí isteach milseáin

Ach céard faoi obair bhaile?
Uair a chloig nó dhó?
Ná bíodh aon imní oraibh
Tá deireadh leis go deo!

Laethanta Saoire

Dhúisigh mé go luath maidin inné.
Bhuail an clog ag leathuair tar éis a sé.

Bop bop a dú dú. Bop bop a dé.
Sea! Bhuail an clog ag leathuair tar éis a sé.

D'éirigh mé go tapa. Ní raibh tuirse orm.
Bhain mé díom mo phitseámaí gorm.

Bop bop a dú dú. Bop bop a dorm.
Sea! Bhain mé díom mo phitseámaí gorm.

Isteach sa seomra folctha agus nigh mé mo lámha.
Chuir mé orm mo chulaith snámha.

Bop bop a dú dú. Bop bop a dámha.
Sea! Chuir mé orm mo chulaith snámha.

Chuaigh mé amach. Síos go dtí an trá.
Is maith liom dul ag snámh le mo Dhaidí gach lá.

Bop bop a dú dú. Bop bop a dá.
Sea! Is maith liom dul ag snámh le mo Dhaidí gach lá.

Bhí an t-uisce fuar ach bhí sé go deas.
Chuaigh mé ag snámh. *Splais! Splais! Splais!*

Bop bop a dú dú. Bop bop a dais.
Sea! Chuaigh mé ag snámh. *Splais! Splais! Splais!*

Slaitín Draíochta

Tá slaitín draíochta agamsa
Déanaim spéir
Déanaim teach
Tá slaitín draíochta agamsa
Déanaim grian is gealach

Déanaim crainn agus réaltaí
Déanaim oíche
Déanaim lá
Le mo shlaitín draíochta gleoite
Déanaim tonntracha is trá

Déanaim raicéad leadóige
Déanaim liathróid 's bróga peile
Ansin téann mo shlaitín beag i dtaisce
       isteach im mhála scoile
            leis na pinn luaidhe eile

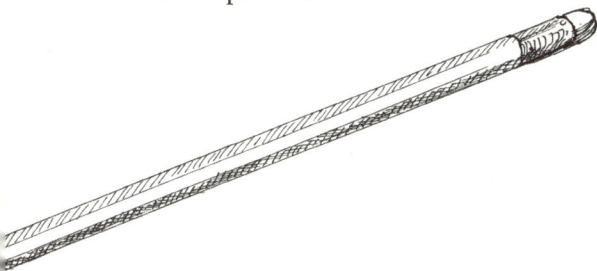

Canann an Mactíre

Rachaidh mé ag siúl sa choill
Ag siúl sa choill
Ag siúl sa choill
Rachaidh mé ag siúl sa choill ag lorg mo bhricfeasta

B'aoibhinn liomsa muicín beag
Muicín beag
Muicín beag
B'aoibhinn liomsa muicín beag mar dhinnéar nó bricfeasta

Cé hé sin ag siúl sa choill?
Ag siúl sa choill
Ag siúl sa choill
Cé hé sin ag siúl sa choill? Sin é mo bhricfeasta

Labhrann Mamaí Béar

Níl aon amhras ach gur baineadh geit uafásach asainn
nuair a chonaiceamar an doras oscailte agus an babhla folamh

Bhí Bábaí Béar trína chéile ar fad nuair a chonaic sé
a chathaoir bheag agus í ina smidiríní ar an talamh

Ach bhog mo chrói istigh ionam
nuair a chonaic mé an créatúirín beag
is í sínte ar an leaba.
Muise – ní raibh inti ach leanbh!

Bú!

Inné is mé
ag siúl i measc na gcrann
bhí a fhios agam
go raibh béar agus eilifint
agus tíogar ann
cé nach bhfaca mé aon cheann

Aréir is mé ag dul a luí
bhí a fhios agam
go raibh dineasár thíos faoi
mo leaba bheag ghroí
cé nach bhfaca mé
é nó í

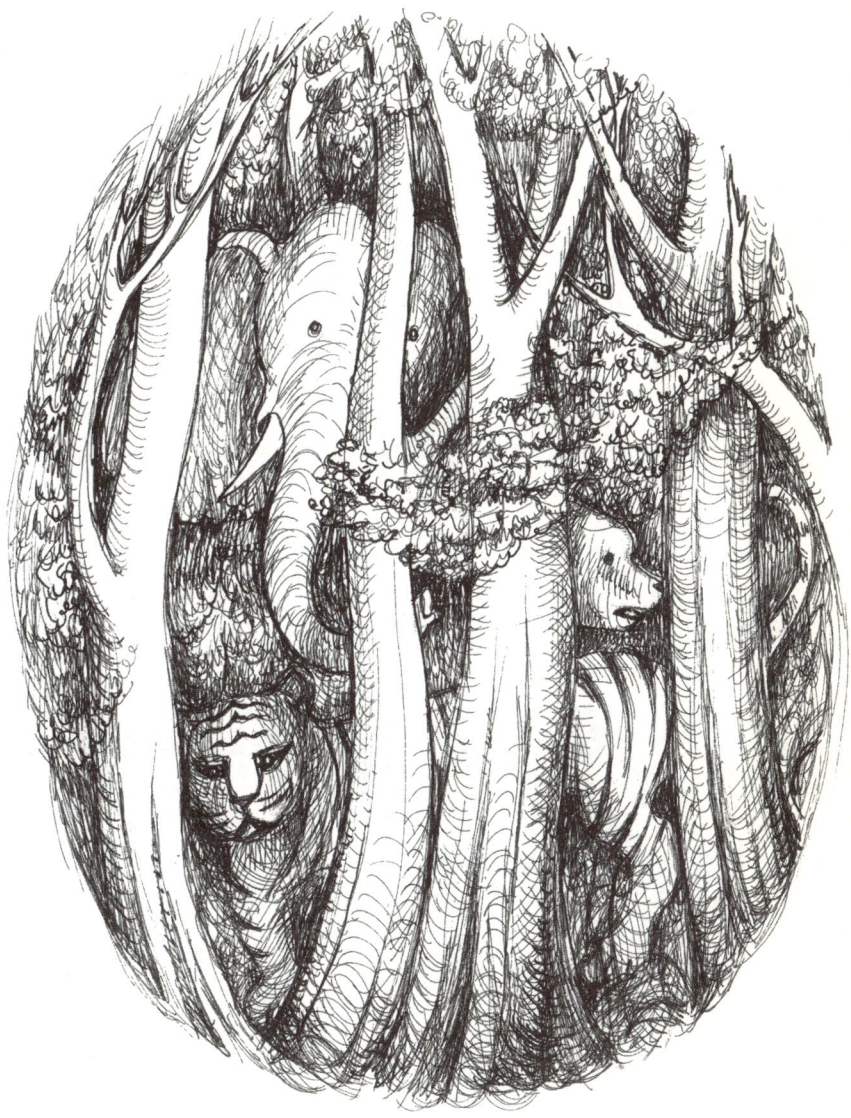

Eagla

Ní bhíonn aon eagla ormsa
roimh na fuaimeanna
a chloisim san oíche

Ach bímse sceimhlithe
roimh pé rud
atá á ndéanamh

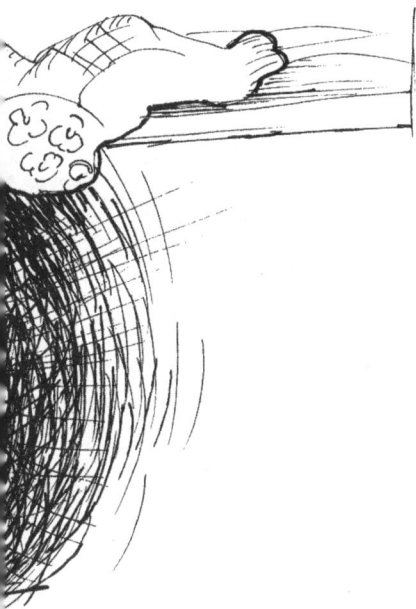

Ollphéist

Tá ollphéist ag bun an ghairdín
a itheann péisteanna is buachaillí óga
Tá ollphéist faoi mo leaba
a dhéanann gleo san oíche is
a sciobann geansaithe peile is seanbhróga

Tá ollphéist sa mheaisín níocháin
a itheann stocaí aonair is fobhrístí
Tá ceann eile sa chistin
a shleamhnaíonn isteach sa chófra
is a sciobann brioscaí

Tá ollphéist im mhála scoile
a itheann obair bhaile is cóipleabhair
Sin cúig cinn ar fad –
nó ollphéist amháin b'fhéidir
atá an- an-ramhar

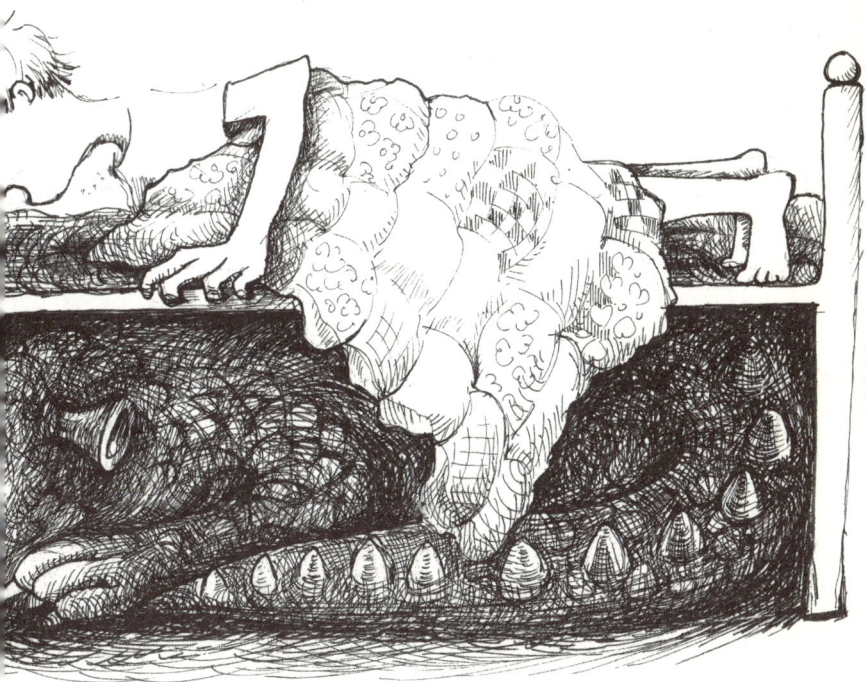

Brionglóid an tSeilide

Táim mór
Breathnaím isteach i súile an tsioráif
Scanraíonn mo scáil féin mé
Táimse mór

Táim scanrúil
Teitheann an leon uaim nuair a
chloiseann sé mo ghlór ollmhór
Táimse scanrúil

Táim tapa
Faoi mo shliogán mór tá trófaithe is boinn is
Corn Rásaíochta an Domhain
Táimse tapa

Is mise an Seilide Mór
an créatúr is mó, is tapúla,
is scanrúla ar domhan
Rithigí uaim

Brionglóid na hEilifinte

Neadaím anseo go cluthar
ar bharr crainn
Mo chraiceann glas i bhfolach
i measc na nduilleog

Canann an Mactíre Arís

Muicín beag ramhar
Muicín beag blasta
Íum Íum Íum
Muicín don bhricfeasta

Scéal na Muice

Thóg mé teach beag tuí
Bhí mé istigh ann i mo luí
Nuair a chuala mé an glór -
Glór an-gharbh
Glór ollmhór

Lig isteach mé
Lig isteach mé
A chara mo chroí
Nó séidfidh mé is
Leagfaidh mé do theach beag tuí

Ní haon chara é sin
Is mactíre é! Ó bhó!
Cén fáth nár fhan mise
Sa bhaile
Le mo Mhamaí sa chró?

An Dara Glúin

Is ispín óg úr mé
ar fiuchadh anseo sa bhfriochtán
ach inné ba mhuc mé
is mé ag spraoi le mo dheartháir sa láib

Fíorchara

Tá cara rúnda agamsa a shíleann
gur mise an duine is fearr ar domhan

Mise a bhuann gach cath is ní miste leis
an claíomh is fearr a bheith agamsa

Is muid ag imirt folach bíog aimsím i gcónaí é
ach ní thagann seisean ormsa riamh

Tá cara rúnda agamsa a shíleann
gur mise an duine is fearr ar domhan

Ní fheiceann éinne eile é
ach tá a fhios agamsa go bhfuil sé ann

Croíbhriseadh

Is breá liom í
Is aoibhinn liom í
Sílim go bhfuilim i ngrá léi

Ba bhreá liom
a cuid gruaige a chíoradh le mo mhéara
mar a dhéanadh mé le gruaig mo mhamaí fadó.

Seasaim ag an doras ar maidin is
ag an ngeata tráthnóna
ag súil le radharc a fháil uirthi

Is breá liom í
Is aoibhinn liom í
Tá mo chroí istigh i ngrá léi

Pléascann mo chroí
gach uile uair a fheicim í
ag teacht im threo

Bíonn mo bhéal ar leathadh
is snaidhm ar mo theanga
agus í ag siúl tharam

Is breá liom í
Is aoibhinn liom í
Tá mé dúnta i ngrá léi

Ach cén mhaith dom é?
Riamh ná choíche ní bhreathnaíonn
cailíní Rang a Dó ar na Naíonáin Mhóra

Gnáthlá

Chuir mé an iomarca bainne ar mo chalóga arbhair
agus bhí siad beagáinín beag ró-bhog.
Gnáthlá a bhí ann.

Bhí madra ag sú na gréine ag geata na scoile agus
thosaigh sé ag drannadh is mé ag léim thairis.
Gnáthlá a bhí ann.

Thug an múinteoir íde béil dom mar gur fhág mé
mo chóipleabhar staire sa bhaile.
Gnáthlá a bhí ann.

Leag Eoghan mé sa chlós agus d'imigh mo cheapaire
isteach sa láib ach ní dhearna mé aon chaoineadh.
Gnáthlá a bhí ann.

Bhí mé mall ag cur mo chóta orm ag deireadh an lae,
chaill mé an bus agus bhí orm siúl abhaile.
Gnáthlá a bhí ann.

Mo Dhaid a réitigh an tae. Leag sé an pláta faram ar an
mbord. Dhá ubh ag breathnú aníos orm. Thíos fúthu –
ispín srónach. Faoi sin arís - slis bagúin mar bhéal.

Gnáthlá a bhí ann.
Gnáthlá – go dtí gur ardaigh mé mo scian …
is gur chaoch ubh súil bhuí orm.

Brionglóid an Dineasáir

Ní bhreathnaím
ar dheis ná ar chlé
Osclaím mo bhéal (beagáinín)
Súm chugam é
ar leoithne anála
Íum

Tuairisc sna nuachtáin ar maidin:
  Buachaill eile ar iarraidh ó Thaispeántas na nDineasár
  Coimeádaí á cheistiú ag na gardaí

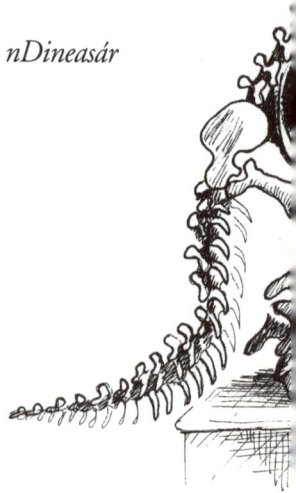

Brionglóid an Leoin

Siúlaim tré ghairdín na ndaoine
Feicim coileáinín fir á thochas féin
Seanduine liath ag siúl suas síos ina chás
Déanann cailín rince dom
Caithim briosca chuici
Caochann sí súil orm
Tugaim bualadh lapa di
Sula mbuailim isteach sa bhialann
Áit a bhfaighim béile blasta
Sceallóga is méara linbh –
Béile a shásódh rí

Stoirm

Mise an ghaoth a
scaoileann a rún leis na crainn

Mise an toirneach a
dhéanann drumaíl ar na géaga

Mise an bháisteach
a chaoineann deora ar na duilleoga

Mise an stoirm a réabann, a bhéiceann,
a stróiceann aníos na fréamhacha

Mise an crann a chasann ceol na gaoithe
a umhlaíonn faoi ualach na stoirme

Cé mise?

Rí uasal mé – umhlaíonn na crainn romham
Páiste mé ag spraoi sna scamaill le heitleog
Ceoltóir mé ag feadaíl go híseal sna craobhacha
Gadaí mé a sciobann gach duilleog

Goirín

Goirín ar mo mhuineál
Goirín ar mo shrón
Ach ní féidir liom suí síos
leis an ngoirín ar mo thóin

Tearmann

An báibín ag béicíl is mé ag caitheamh mo bhricfeasta
Mo mhamaí ag béicíl is muid ag rith amach an doras
An raidió ag béicíl ar an mbealach chun na scoile
An múinteoir ag béicíl is muid ag siúl isteach sa halla
Páistí ag béicíl is muid ag spraoi amuigh sa chlós

Is mise ag tnúth go mór
le doras mo sheomra codlata
A dhúnadh im' dhiaidh anocht
Mo theidí a fháisceadh chugam faoin gcuilt
Is éisteacht leis an tost

Mise an t-Ulchabhán

Mise an t-ulchabhán
I ndorchadas na hoíche cloisim
Na réaltaí ag sárú a chéile lena ngile

Mise an t-ulchabhán
I ndorchadas na hoíche cloisim
An ghrian ag srannadh taobh thiar den chnoc

Mise an t-ulchabhán
I ndorchadas na hoíche cloisim
Madra ag casadh suantraí dá choileán

Mise an t-ulchabhán
I ndorchadas na hoíche cloisim
Mo dhá sciathán ag scoilteadh an dorchadais

Gaoth na Bliana

Fómhar:
Seinnim ceol cráite dorcha
Caoineann na géaga duilleoga

Geimhreadh:
Casaim amhrán fuar feanntach
Cuirim creathán sna géaga loma

Earrach:
Músclaím na bachlóga
Osclaíonn siad a mbeola is casann amhrán dóchais

Samhradh:
Glacaim sos
Codlaím thuas thuas os cionn na spéire

Súil

Súil bhuí dár bhfaire
Caochann
Ansin dorchadas
Dubh dubh dubh
Cá bhfuil an tsúil bhuí?
Chaoch an dorchadas í

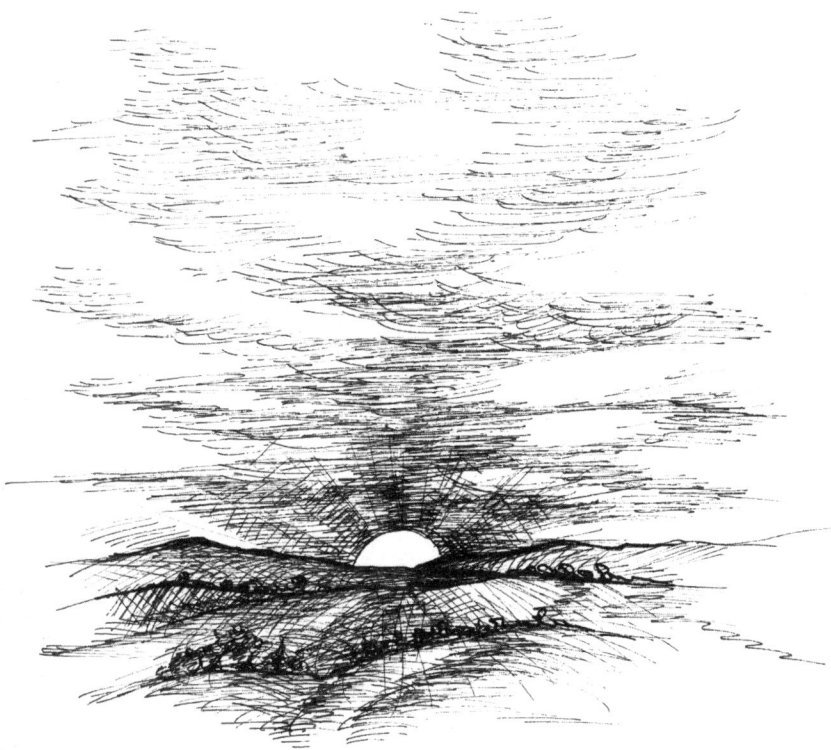

Grá Leatromach

Leagann an scamall póg liath
ar aghaidh na gréine

Fáisceann chuige is ceileann
cúpla soicind ina bhaclainn í

Nuair a scarann siad ó chéile
déanann an ghrian meangadh geal gáire

Caoineann an scamall
uisce a chinn

Brionglóid Eile ag an Dineasár

Siúlann
bandineasár álainn
isteach
doras na
hiarsmalainne
Titimid
i ngrá
Déanaimid
na chéad dineasáir bheaga
le seasca cúig mhilliún bliain

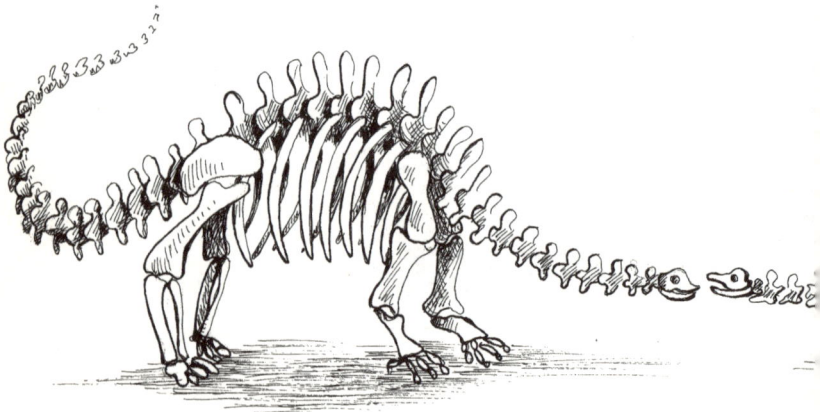

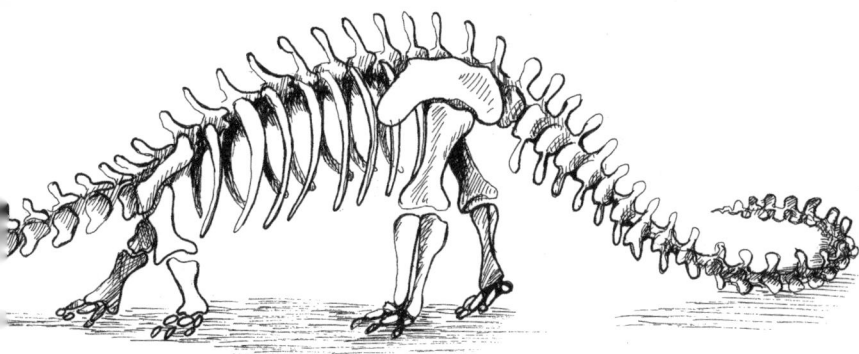

Tromluí na hEilifinte

Damhán alla
sa tóir orm
Táim gafa
sa ghréasán

Stoirm Phoncaíochta

Dá mbéadh stoirm mhór sínithe fáda ann ís
dá dtítfeadh na mílte sínithe fáda anúas ón spéir
an n-éireódh linn cómhrá a chríochnú arís
go deo deo na ndeor?

Úps!!??

!?? D'fhág mé; mo chóip-; leabhar
amuigh: sa stoirm phon:- caíochta
(aréir).;? ní fhaca Mo ? mhúinteoir;-
aon ghreann!!" sa scéal; ~ taitníonn
an:- Stíl (nua) liomsa, áfach??

Deora Geimhridh

Caoineann fear sneachta
uisce a chinn
le héirí na gréine

Tugann snag breac
ruathar anuas
ar linn uisce sa ghairdín

Nach fánach an áit
ina bhfaighfeá cairéad
maidin gheimhridh

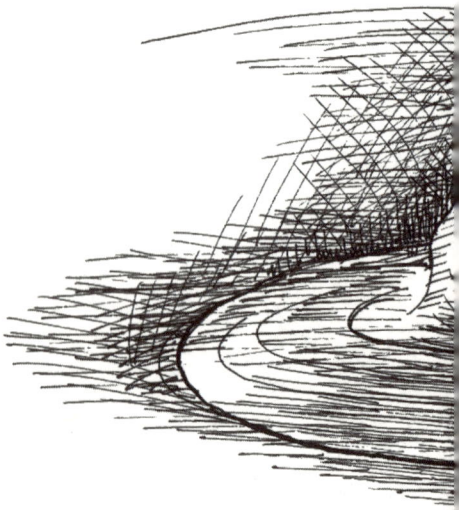

An Nollaig

Crann feoite sa chúinne
Éan marbh i lár an bhoird
Ceiliúraimid breith linbh

Sa leabharlann

Bhuail crith talún an leabharlann aréir
Thit carachtair na mílte leabhar
amach as leabharphríosún na gcéadta bliain
Bhí oíche go maidin acu
ag siúl isteach is amach as caibidilí a chéile
ag déanamh iontais de phlotanna is críochanna.
Iad chomh tógtha sin le heachtraí a chéile
go ndearna siad dearmad glan ar an am
nó gur chuala gíoscán na heochrach sa doras

Fós ní thuigeann an leabharlannaí
céard a thug *Black Beauty* go *Narnia*
nó cad in ainm Dé a bhí ar siúl ag *Rover*
is é ar thóir Dhaidí na Nollag i dteach na dTrí mBéar
A beola mar a bheadh bráillíní iarnálta
chuir an leabharlannaí gach uile dhuine acu
ar ais ina leabhar féin is thug foláireamh dó
gan oiread is méar coise a leagan
taobh amuigh dá chlúdach féin go deo arís

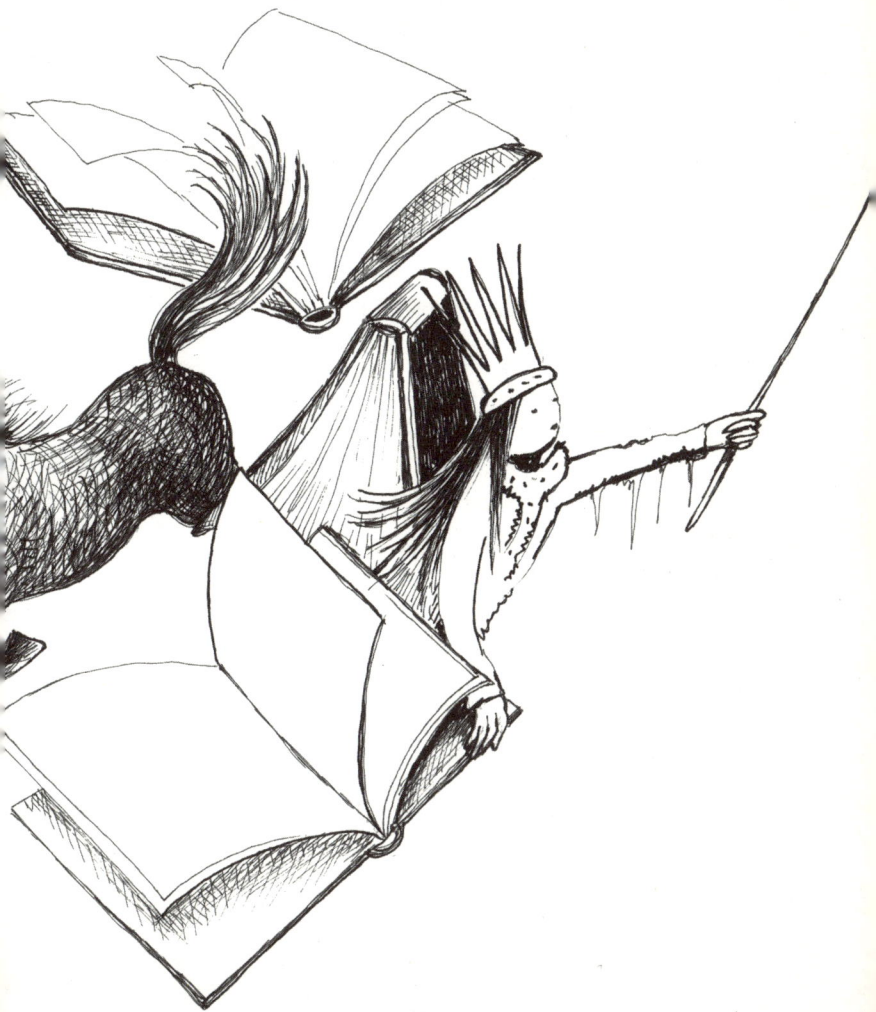

Cuairteoirí

Chanamar amhráin scoile
Rinneamar scéalta a bhabhtái
Turas fíorspéisiúil a bhí ann
in ainneoin nach raibh sé róchompordach
is muid fáiscithe isteach le chéile sa spásárthach
Sea ba spéisiúil an turas é
go háirithe is muid ag siúl thart ar an bpláinéad
Bhí mo chlogad rómhór
Bhí mo spáschulaith róbheag
ach thaitin sé go mór liom
an chaoi a raibh mé in ann léim in áit siúil.
Chaith mé go leor leor ama ag spásléim
ó chnocán go cnocán
is allúraigh á lorg agam
Ach, ar ndóigh, ba muidne na hallúraigh an lá sin
is muid ar thuras scoile go Mars

Lá iomlán a chaitheamar ann
ach ghlac an turas abhaile
an chuid eile den tseachtain
Chanamar na hamhráin chéanna
Rinneamar scéalta nua a bhabhtáil
Faoin am gur shroicheamar baile
bhí gach uile dhuine traochta
Is go dtí gur ghlaoigh an máistir an rolla
an mhaidin dar gcionn
níor thug aon duine faoi deara
go raibh Oisín i láthair faoi dhó

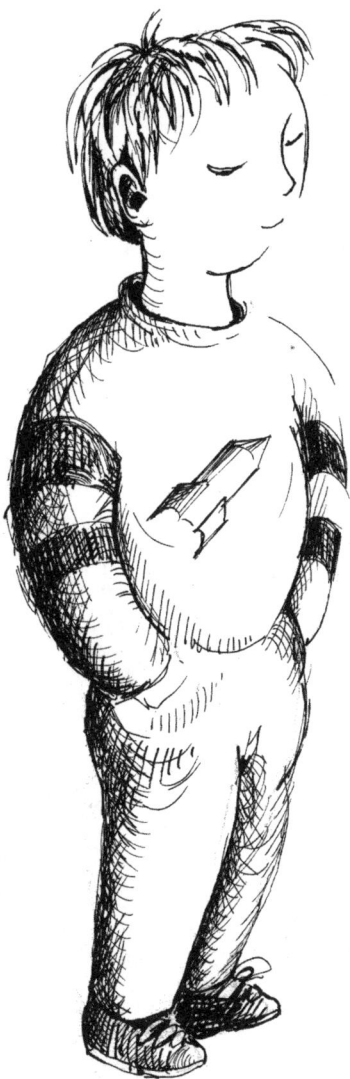

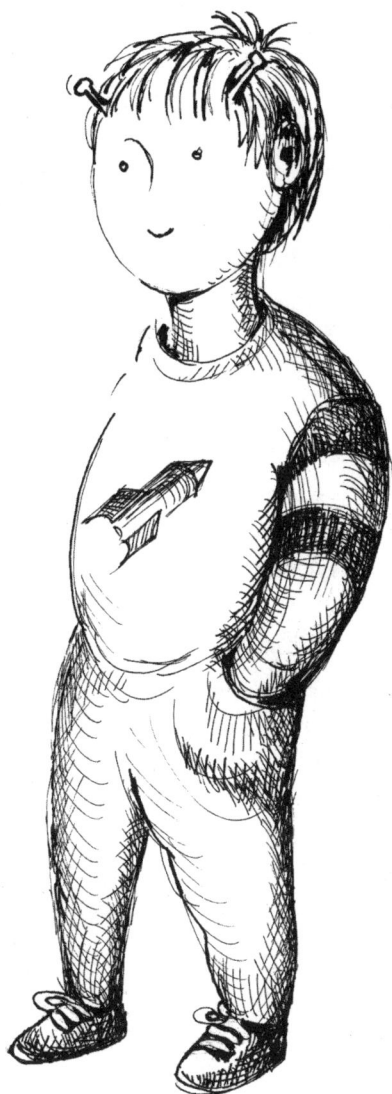

Caitheamh Aimsire

Cén caitheamh aimsire is fearr leat?
A fhiafraíonn m'Uncail Seán
Ní thugaimse aon fhreagra
Claonaimse mo cheann

Cad é mo chaitheamh aimsire?
Ó nach ormsa atá náire
Má insím an fhírinne
Déanfaidh chuile dhuine gáire

Peil ghaelach nó sacar?
Ficheall nó rothaíocht?
Stampaí a bhailiú?
Ealaíon is líníocht?

Ní fhreagraím in aon chor
Tá a fhios agam nach fiú
Conas is féidir liomsa
Mo chaitheamh aimsire a mhíniú?

Ní maith liom bheith ag imirt ar an stáisiún spraoi
Níl spéis ar bith agamsa i ngnáthchluichí
Níor rug mé greim riamh ar raicéad leadóige
Níor tharraing mise cic ar aon chineál liathróide

Ó conas is féidir liomsa
Mo chaitheamh aimsire a mhíniú?
Cé a chreidfeadh mé dá ndéarfainn
Gur maith liom briathra a bhailiú?

sleamhnaigh

Rothaíocht

suí

mothaíonn

cruth áíonn

cuirtear

cuireann

Dá mbeadh

Briathra fada, briathra gearra
Is cuma liomsa cé chomh mór
Má bhíonn aicsean ar bith iontu
Cuirfidh siadsan le mo stór

Sea _Cuirim, Cuireann, Cuir_ nó _Cuirtear_
Is aoibhinn liom an chaoi
Go sleamhnaíonn siad ó mo theanga
Amhail is dá mbeinnse á lí

Briathra beaga – _Bhí_ nó _Tá_
Ainm briathartha – _Rothaíocht_
Aimsir Láithreach, Modh Coinníollach
Nach iontu siúd atá an draíocht

Cluiche amháin a bhíonn agamsa
Ná iad a cheangal i ngrúpaí
Cuirim '_s_'eanna le chéile
Sleamhnaigh, Soilsigh, Seas nó _Suí_

Rím a lorg – sin cluiche eile
Mothaíonn, Rothaíonn, Sleamhnaíonn
Nó an cluiche sin a dhéanamh casta
Cóiríonn, Cruthaíonn, Ceannaíonn

Cineál _nerd_ mé is dócha
Bhuel sin a deir gach duine eile
Níl aon spéis acu sna briathra
B'fhearr leo dul ag imirt peile

Níl cara ar bith agamsa
Ní thagann éinne chuig mo theach
Bhuel – dá n-iarrfainn ortsa spraoi lem' bhriathra
Nach rithfeása an doras amach?

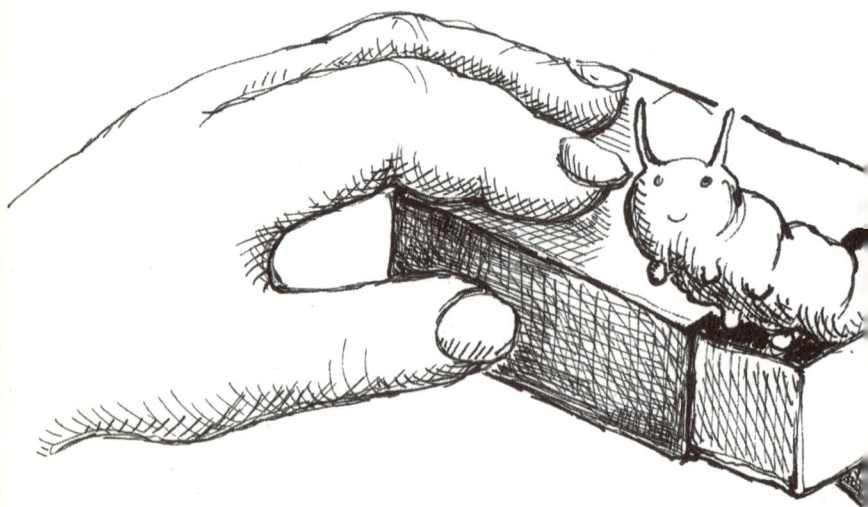

Póca an Bhuachalla

I bpóca an bhuachalla óig
bhí cloch chruinn mhín a dhéanfadh urchair cranntabhaill
cleite gormbhuí sciobtha as ciseán an chait
bosca beag le péist chabáiste is duilleog ann
ubh spideoige fillte go cúramach i gciarsúr ó Dhaideo
ruainne beag de ghuma coganta – an blas gan a bheith ídithe fós
agus teachtaireacht rúnda scríofa le fuil agus dúch draíochta

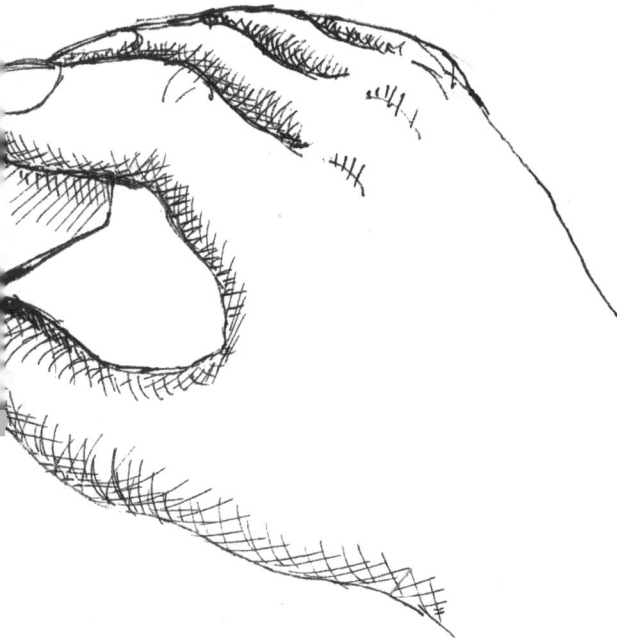

Póca an tSaighdiúra

I bpóca an tsaighdiúra bhí
fiacail páiste
pictiúr de chloigeann mór
gan chorp ná muineál
dhá lámh in áit na gcluas
is gunna sa lámh chlé
Ag bun an leathanaigh
cúpla scór póg

Brionglóid an Mhairnéalaigh

I mo phóca tá
póg mhúrúiche
is léarscáil
sciobtha as póca
fhoghlaí mara